Vera Schmidt

Mops und Katt entdecken den Wald

cbj

Inhalt

Ein fast normaler Tag - 7

Das Wood Wide Web des Waldes - 12

Pilze - 18

Bei den Elfen - 26

Und wohin jetzt? - 30

Besuch im Wald-Spa - 36

Bei den Bienen - 44

Verlaufen! - 48

Der Biber - 54

Mops riecht die Stadt - 62

Tipps und Tricks für einen gemeinsamen Waldspaziergang - 72

Ein fast normaler Tag

Ich dachte, das Wetter sollte heute endlich besser werden. Seit Tagen regnet es schon.

Ah! Na also! Mops, lass uns rausgehen!
Wieso? Ist doch ganz gemütlich hier.

Nee, ich muss mal was anderes sehen.

Wie wäre es, wenn wir in den Wald gehen? Da war ich noch nie!

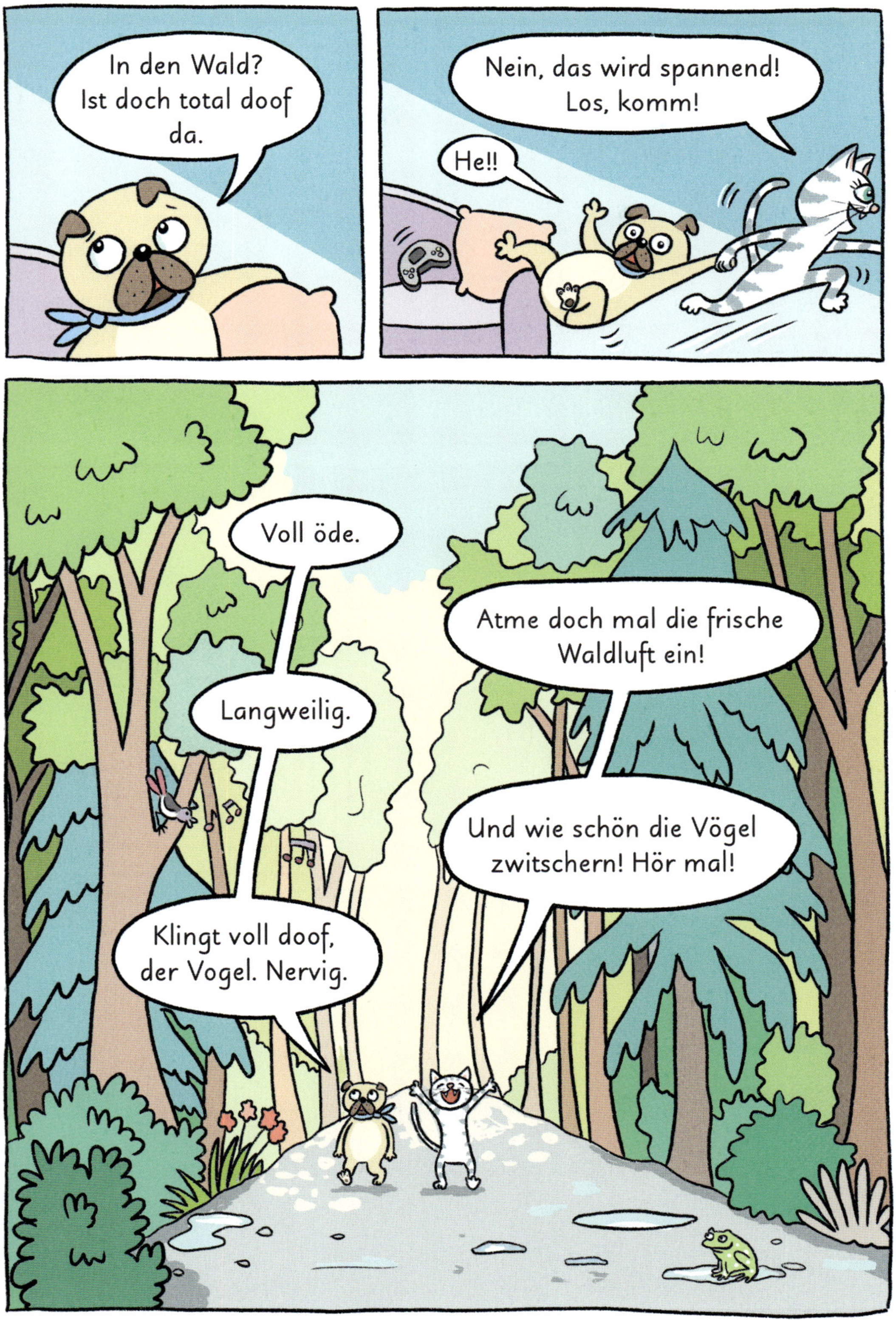

Voll öde.

Atme doch mal die frische Waldluft ein!

Langweilig.

Und wie schön die Vögel zwitschern! Hör mal!

Klingt voll doof, der Vogel. Nervig.

Ich mein, echt, sieht doch alles gleich aus hier: Bäume, Bäume, nichts als Bäume!

Also, das würde ich jetzt nicht sagen.

Der Wald birgt viele Geheimnisse, von denen ihr Stadttiere natürlich keine Ahnung habt!

Äh, wer bist du?
Ach, ich habe mich ja noch gar nicht vorgestellt!

Ich bin Rocky, Rehbock und Waldbewohner aus Leidenschaft, und ihr?
Ich bin Kätt und das ist Mops.

Was für Geheimnisse hat denn der Wald?
Oh, abseits der Wege gibt es viel zu entdecken. Habt ihr Lust auf ein Abenteuer?

Au ja, na klar!
Von mir aus …

Das Wood Wide
Web des Waldes

Hineiiin ins Vergnügen!
Er ist rosa!

Erst einmal solltet ihr wissen, dass Bäume nicht einfach so einzeln herumstehen, sondern miteinander verbunden sind.

Verbunden?
Ja, durch ein unterirdisches Netzwerk. Darüber können sie kommunizieren, also miteinander sprechen, und sich austauschen.

Und wie soll das gehen?
Mithilfe der Pilze!

Die Pilze, die ihr auf dem Waldboden seht, sind nur der sichtbare Teil eines riiiesigen unterirdischen Netzes aus hauchdünnen Fäden.
Diese Pilzfäden sind um die Baumwurzeln geschlungen und verbinden so die Bäume miteinander.
In Amerika wurde ein Pilzgeflecht entdeckt, das größer ist als 1200 Fußballfelder!

Über das Pilznetz tauschen die Bäume Informationen und Nährstoffe aus.
Dieser junge Baum hat ohne Zugang zum Sonnenlicht keine Chance zu wachsen. Doch mithilfe des Pilznetzes kann ihm dieser ausgewachsene Baum wichtige Nährstoffe wie Zucker liefern.
Das ist ja toll!
Und wenn ein Baum feststellt, dass der Boden bei ihm plötzlich sehr trocken ist, kann er die anderen Bäume warnen. Die verdunsten dann weniger Wasser über ihre Blätter und können so eine Trockenzeit besser überstehen.

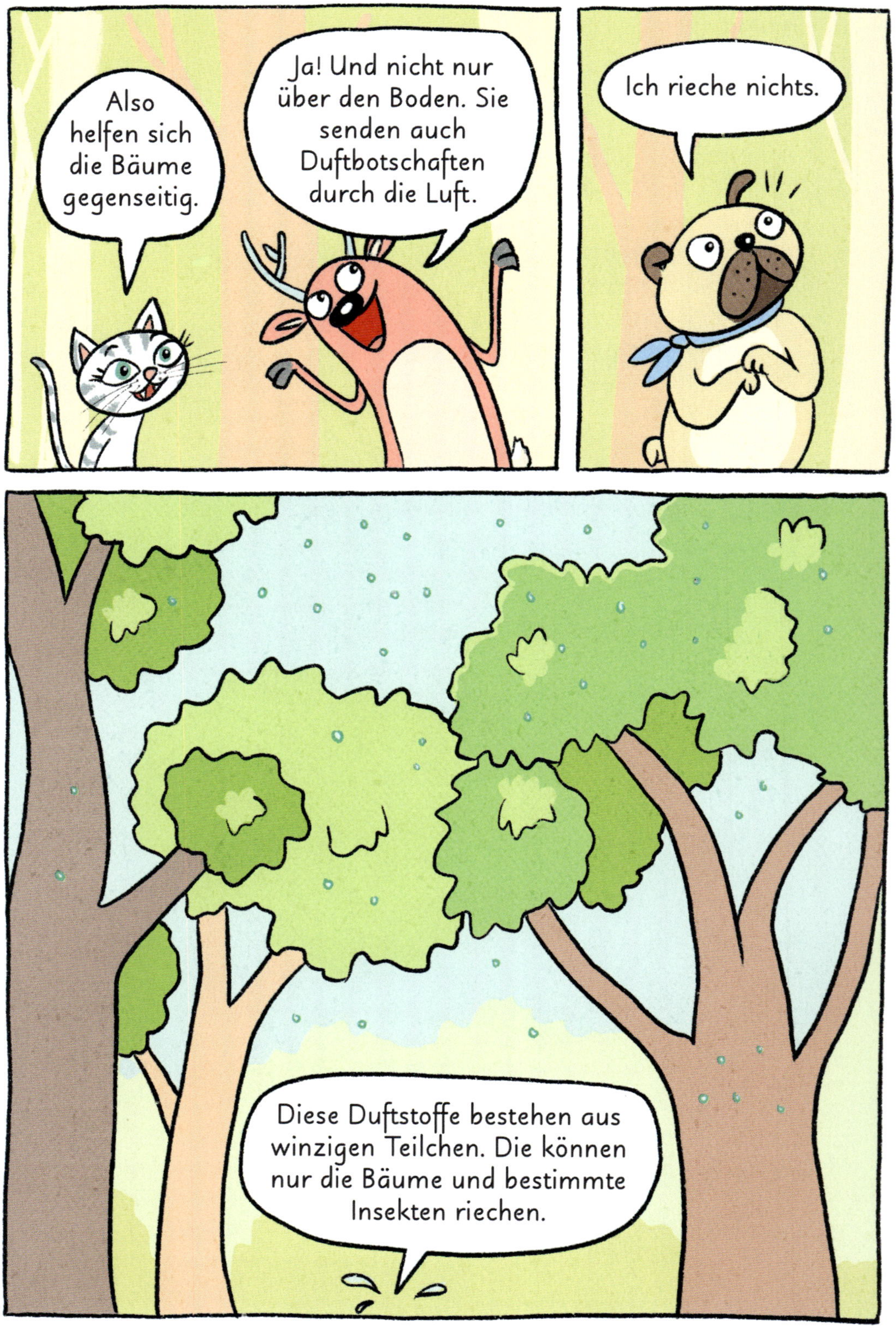

Diese Duftstoffe bestehen aus winzigen Teilchen. Die können nur die Bäume und bestimmte Insekten riechen.

Wenn Schädlinge einen Baum angreifen, kann er giftige Abwehrstoffe produzieren. Die riechen die anderen Bäume und schwupps – produzieren sie diese Stoffe auch schon mal vorsichtshalber. Diese Abwehrstoffe findet die Raupe überhaupt nicht lecker.

Pfui bäh! Das ist ja ekelhaft!

Wenn ein Baum von Schädlingen befallen wird, kann er mit Duftstoffen sogar deren Feinde anlocken. Die fressen dann die Schädlinge und der Baum hat wieder seine Ruhe.

Wow! Das ist aber schlau!

Pilze

Da wir gerade davon sprechen: Wie schmeckt dieser Pilz hier? Der sieht lecker aus.
Ach du heiliger Hirsch! Pfoten weg! Der ist giftig!

Die da vorne sind essbar und lecker. Das sind Maronen-Röhrlinge. Unter dem braunen Hut haben sie einen hellgrünen Schwamm. Diesen Schwamm nennt man Röhren. Wenn ihr da leicht draufdrückt, wird die Stelle grünblau.

Das sind Pfifferlinge.
Mmmh, die kenne ich aus dem Supermarkt.

Ooooh, und hier der König aller Pilze, der Steinpilz! Dickfleischiger, brauner Hut und gelb- bis olivfarbene Röhren.
Mmmh, der ist eine Delikatesse!

Das sind nur ein paar Beispiele für essbare Pilze. Allerdings gibt es viele, die ihnen ähnlich sehen, aber giftig sind. Da kann man sich auch irren.

Also Achtung! Sammelt Pilze nur mit einem Experten wie mir, der sich wirklich auskennt!
Welche sind denn giftig?

Zum Beispiel dieser Fliegenpilz von vorhin.

Oder der hier, der Knollenblätterpilz. Beide sind super-gefährlich, die dürft ihr niemals essen!

Der hier sieht auch nicht so lecker aus.
Oooh ja, das ist eine Frühlorchel. Seeehr giftig!

Der hier ist aber hübsch!
Iiieh, bloß weg damit! Den hab ich mal probiert, als ich noch jung und dumm war!
Mein ganzer Körper juckte, ich wurde rosa und bekam überall bunte Punkte. Noch Tage danach musste ich fürchterlich pupsen!
Rosa bist du immer noch.
Äh … ja …
Und pupsen tust du auch immer noch …
Ich?? Nie!! Los, weiter geht's!
PFF

Dummdidumm ...

Wie schön
es hier ist.
Richtig
magisch.
Das
stimmt!

Der Wald ist
immer und
überall magisch,
wenn man genau
hinschaut.

Die Bäume haben Gesichter!

Ja, aber keine Angst, sie wachen über uns und sind sehr freundlich.

Was sind das für kleine Dinger, die hier herumschwirren?
Du meinst die Feen? Hehe, vor denen solltest du dich in Acht nehmen, die sind richtig frech. Aber harmlos.

Heee!

So ... jetzt rechts ... dann links, dann rechts ... oder doch links?
Wo führt Rocky uns bloß hin?
Sag mal, wo sind wir jetzt eigentlich?
Keine Ahnung.
Wie, keine Ahnung?? Ich dachte, du kennst dich hier aus?
Ich weiß nie genau, wo ich bin. Aber ist das wichtig?
Haha, warum guckst du denn so?
Komm, lass uns eine Runde boxen? Ich liiiiebe Boxen!
Boxen?? Hä? Jetzt?

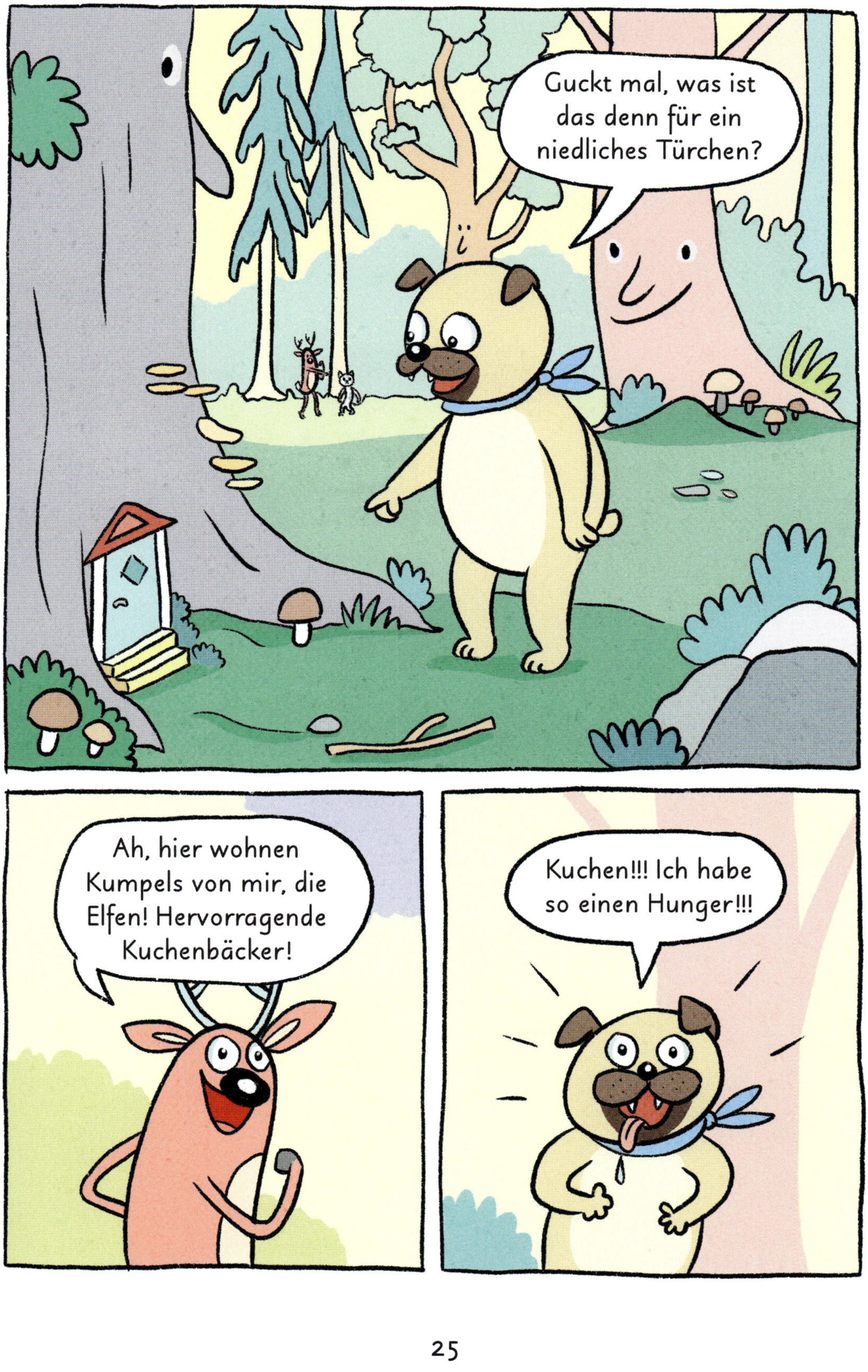

Guckt mal, was ist das denn für ein niedliches Türchen?

Bei den
Elfen

DING
DANG
DONG
Hey Rocky! Wie geht's, alter Kumpel?
Hallöchen Baumbert, alles bestens, danke! Darf ich dir zwei Freunde vorstellen? Mops und Kätt.
Hallo!
Hallo Kinder, ihr kommt gerade richtig, ich habe Kuchen gebacken!
Das duftet sehr lecker!
Ja, Blumelia ist auch die beste Kuchenbäckerin des Waldes!
Ach was, so ein Unsinn!

Setzt euch, fühlt euch wie zu Hause. Ich kann euch leider nicht hereinbitten, wir leben etwas beengt.

So, ihr Lieben, lasst es euch schmecken!

Unterschätze die Größe nicht, die Dinger machen pappsatt!

Mmmmh!

Greif zu, greif zu!

Etwas später ...
Das war köstlich, vielen Dank!
Immer gerne!

Macht's gut, bis zum nächsten Mal!
PFFT

Uff ...

Und wohin
jetzt?

Ah, hier sind wir! Wo wollt ihr lieber hin? Rechts geht es zu den Bienen, links zum Wald-Spa. Ein magischer Ort. Der Weg dahin ist aber etwas länger.
Oh, ich will zu diesem Spa!

Ich möchte lieber zu den Bienen! Was ist ein Spa überhaupt?

Dort lässt man sich verwöhnen, bekommt Massagen, badet im Moos, herrlich!

Ich glaaaube, ich finde da noch hin.

Du glaubst es?

Dann lasst uns lieber zu den Bienen gehen. Sonst verlaufen wir uns noch. Außerdem sind Bienen superinteressant!
Was bedeutet „sich verlaufen"?

Na, nicht mehr wissen, wo man ist!
Ach so, das schon wieder. Aber das macht doch nichts.
Doch, das macht schon was, ich möchte mich nicht verlaufen!
Wir verlaufen uns schon nicht, Kätt.

He! Kein Grund, gemein zu werden!
Was weißt du denn!

Los, boxen wir es aus, ich liiiiiebe Boxen!

Ach hör schon auf!
Zack, zack, linker Haken, rechter Haken!

Ich möchte in den Spa!

Ich möchte zu den Bienen!

Rechter Ha...
PAFF!
PFFFT!

Bienen!
PFFFT!
Spa!
Spa!
PUFF
Jipiiieh!
Bienen!

Leute, das bringt doch nichts. Boxen ist nicht die Lösung.
Außerdem ist Rockys Gepupse kaum auszuhalten!

Ich pupse nicht!
PFFT!

Also meinetwegen. Gehen wir in den Spa. Rocky wird den Weg schon finden.

Na klar doch! Also los. Nach links.
Vorsichtshalber … Man weiß ja nie …

Nach einem langen Marsch, kreuz und quer durch den Wald.

Da vorne ist der Eingang zum Spa!

Wow!

Besuch
im
Wald-Spa

Seid gegrüßt!
Tretet ein.
Was können wir euch Gutes tun?

Wir … äh … äh …

Ich sag doch, es lohnt sich, hierherzukommen! Bitte eine Pediküre für mich.

Wie wäre es mit einer erfrischenden Gesichtsfellmaske?
Oh ja, gerne.

Könnte ich vielleicht eine Massage bekommen?
Aber natürlich!

Das ist ja wirklich herrlich!

Ja, Schneckenschleim wirkt Wunder.

Einfach entspannen, glaub mir, es tut gut.
Okay.

Gut so?
Mmmmmmmjaaaa.

Wann warst du zuletzt bei der Pediküre???
RASPEL RASPEL
Ach, schon ein Weilchen her ...

RASPEL RASPEL

Und jetzt, ihr Lieben, nehmt ein schönes, beruhigendes Moosbad.
MOOSBAD

Unsere Mooslichtung ist ein ganz besonderer Ort der Ruhe und des Friedens.

Lasst euch tief in den weichen Boden sinken und genießt es.

Um Kraft zu tanken, umarmt diese uraltenBäume. Fühlt die Säfte hinter der dicken Borke fließen und hört das zarte Schmatzen der Käfer.
SCHNARCH
PFFT!

Und jetzt genießt eure Endentspannung mit einem Becher Ahornsaft in unserem Ruhebereich.

Ach, schaut mal, wer da ist!

Da sind ja die Bienen!

Hallo Leute, na, wie geht's denn so? 'nen harten Arbeitstag gehabt?

Gerne! Wir können uns nachher zusammen auf den Weg zum Stock machen.

Bei den
Bienen

Ein wenig später beim Bienenstock.
So, da sind wir, das ist unser Baum. Das Nest ist oben, ich hoffe, ihr könnt klettern?
Äh ... öh ...
Ich kann sehr gut klettern!

!!!

Hier wohnen wir. Die Königin, wir Arbeiterinnen und die Drohnen.
Toll!

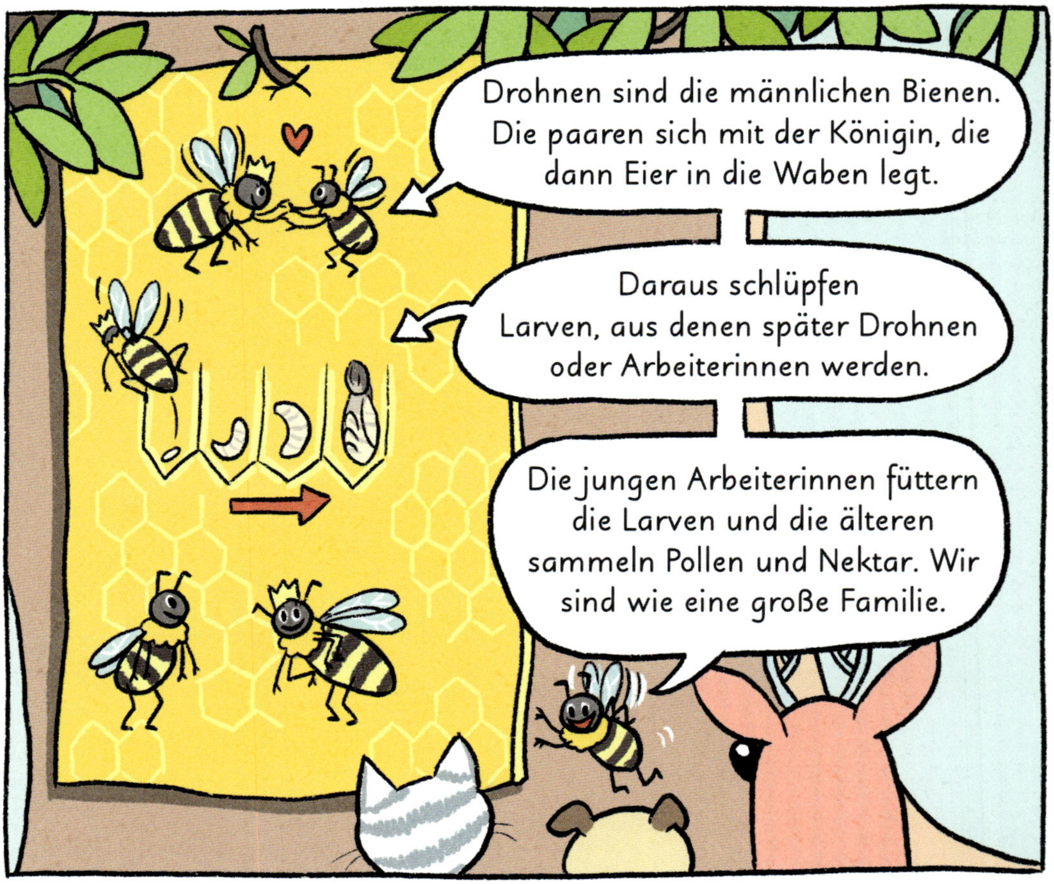

Drohnen sind die männlichen Bienen. Die paaren sich mit der Königin, die dann Eier in die Waben legt.

Daraus schlüpfen Larven, aus denen später Drohnen oder Arbeiterinnen werden.

Die jungen Arbeiterinnen füttern die Larven und die älteren sammeln Pollen und Nektar. Wir sind wie eine große Familie.

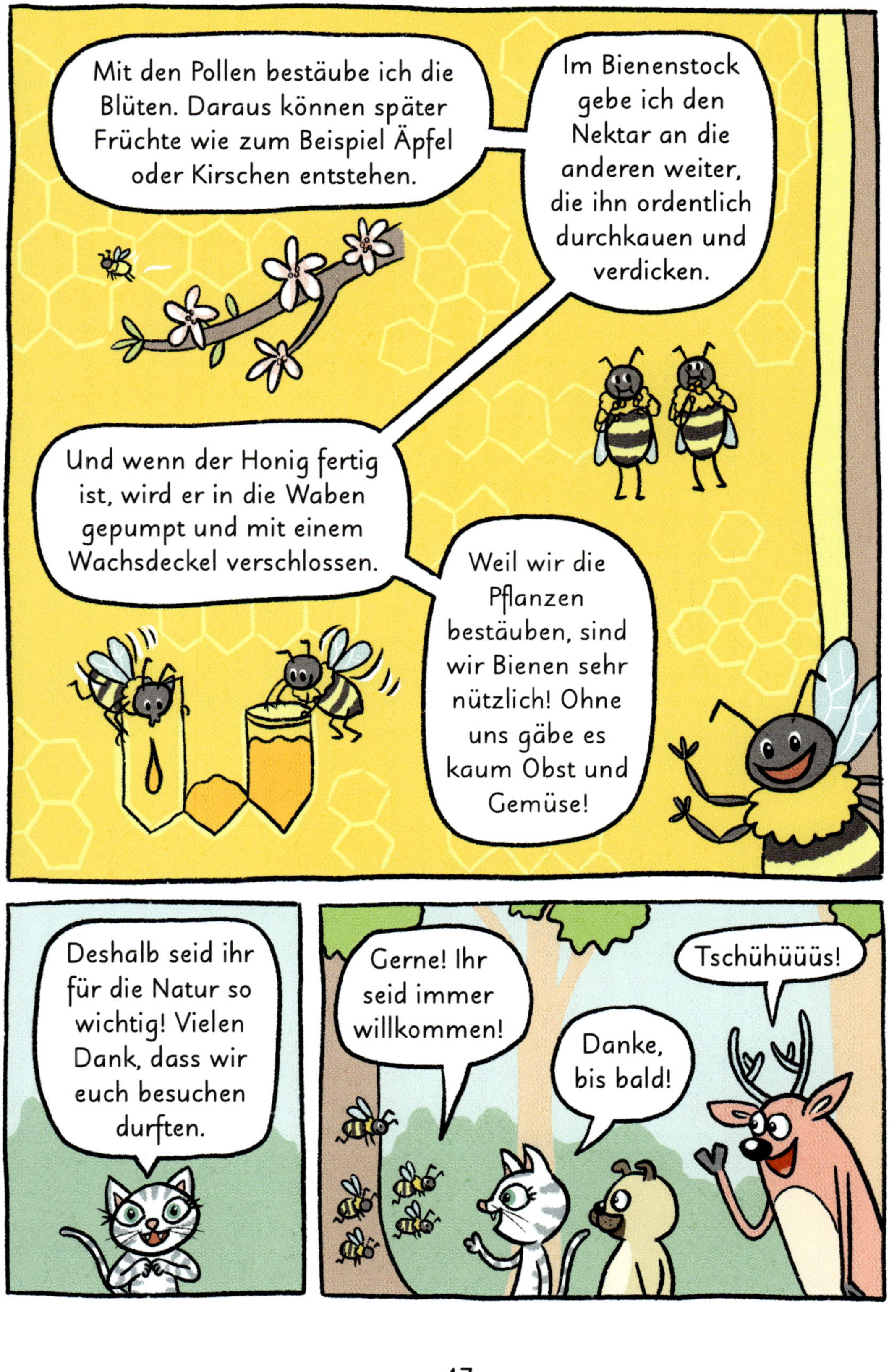

Mit den Pollen bestäube ich die Blüten. Daraus können später Früchte wie zum Beispiel Äpfel oder Kirschen entstehen.

Im Bienenstock gebe ich den Nektar an die anderen weiter, die ihn ordentlich durchkauen und verdicken.

Und wenn der Honig fertig ist, wird er in die Waben gepumpt und mit einem Wachsdeckel verschlossen.

Weil wir die Pflanzen bestäuben, sind wir Bienen sehr nützlich! Ohne uns gäbe es kaum Obst und Gemüse!

Verlaufen!

Hach, war das toll!
Siehst du, sich treiben zu lassen ist gar nicht so schlecht

Da hast du recht.

Hmm, hier war ich noch nie.

Dann kehren wir besser um! Aus welcher Richtung sind wir gekommen?
Keine Ahnung …

Oh nein! Jetzt haben wir uns doch verlaufen!

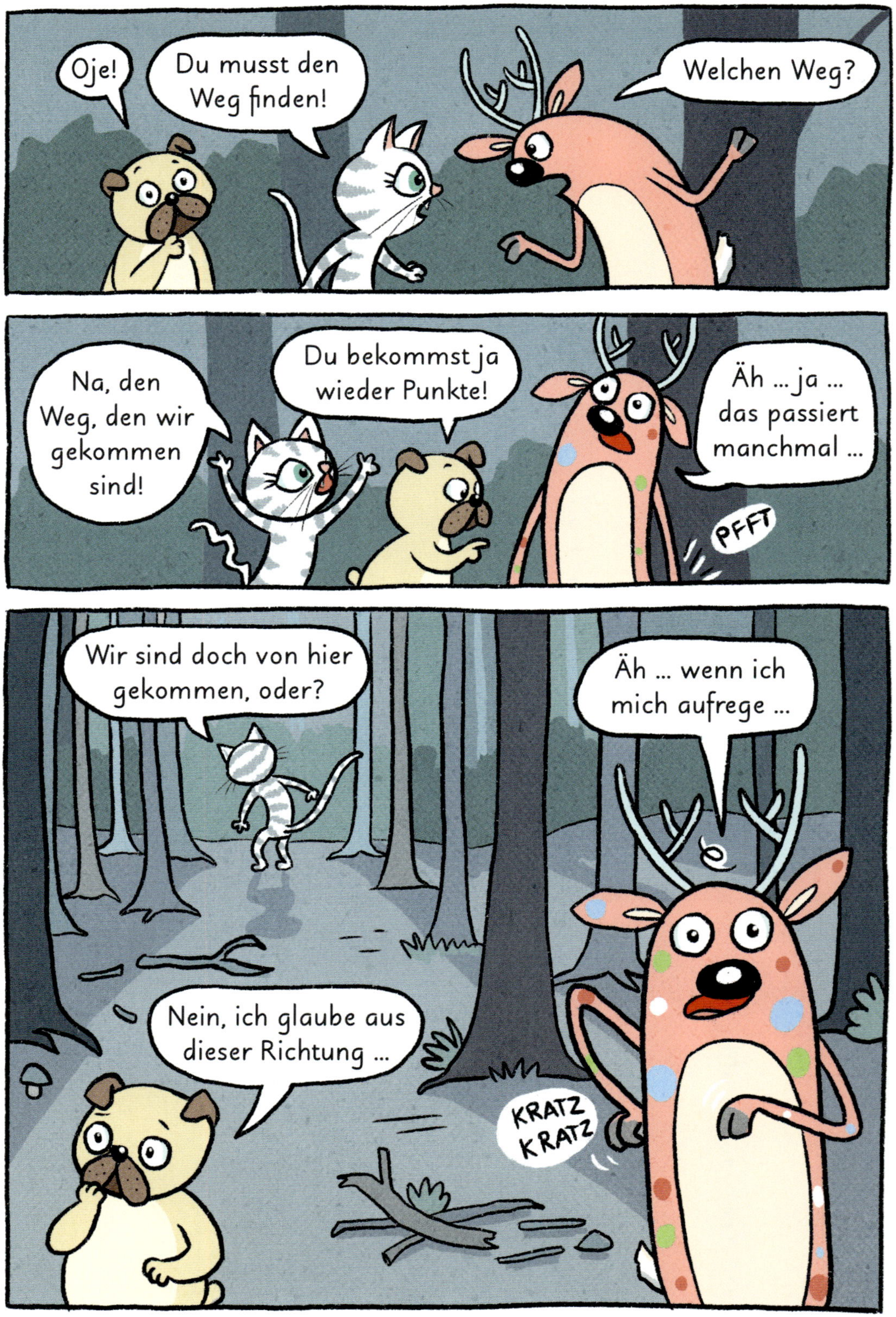

Wir sind doch von hier gekommen, oder?

Äh … wenn ich mich aufrege …

Nein, ich glaube aus dieser Richtung …

KRATZ KRATZ

Die Bäume stehen hier viel dichter.

Und es ist irgendwie dunkler.

Ja, fast gruselig.

!!!
KNACK!!

KNIRSCH!

KNACK!

Aaaaah!!!

Keuch!

Aaaah!!

Wartet auf mich!!

Stoooooopp!
Huch!
Ein Fluss!

Der Biber

Wir müssen über den Fluss.
Woher weißt du das? Wir haben auf dem Hinweg keinen Fluss überquert.

Keinen Fluss, aber einen kleinen Bach.

Meinst du, der ist zum Fluss geworden?

Ich glaube schon.
Was sagst du dazu, Rocky?

Tut mir leid. Ich kann mich nicht erinnern.

???
He, wer weckt mich aus meinem Schönheits-schlaf?!

Ich sehe schon. Ihr habt keine Ahnung, wie eine Biberburg gebaut ist.

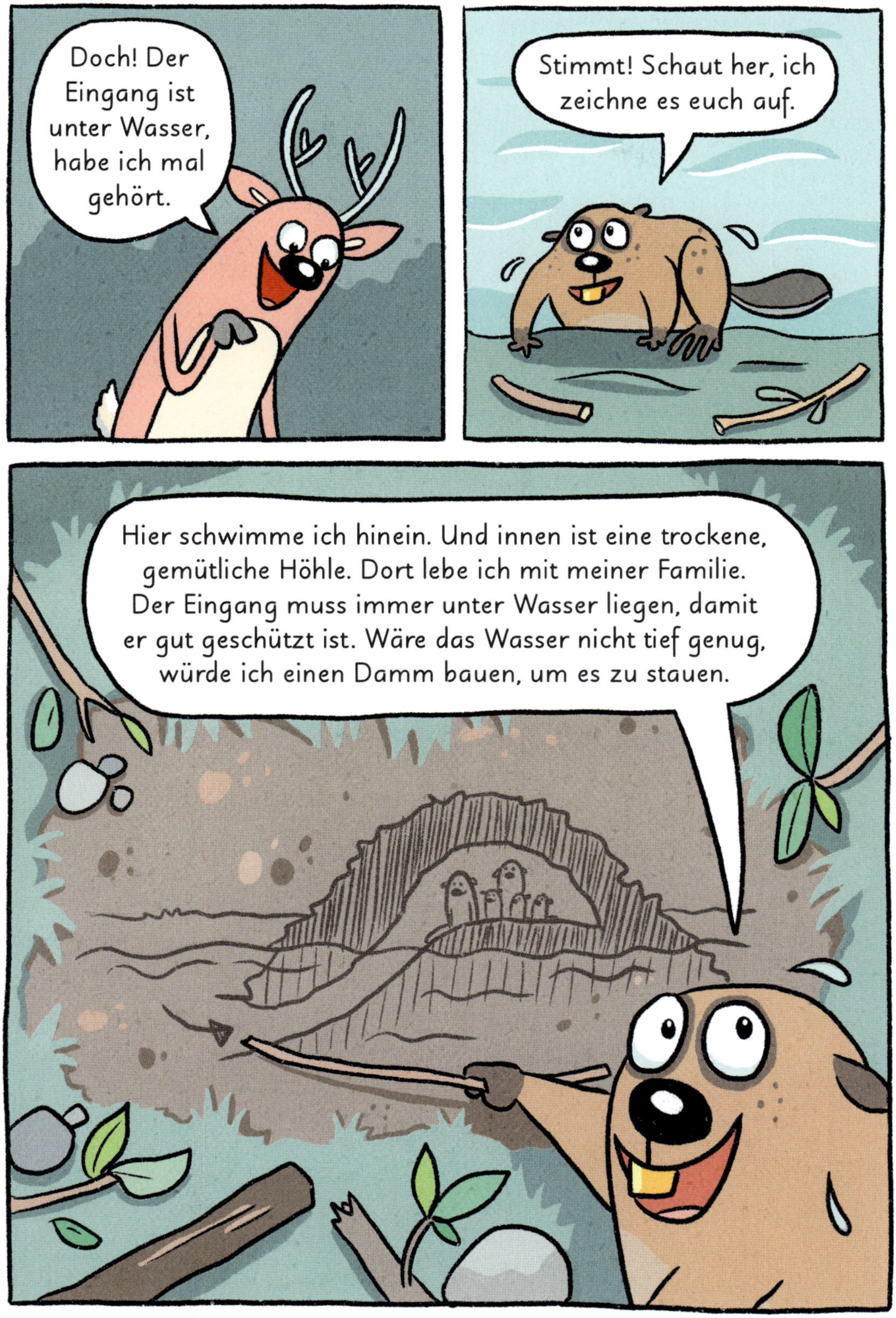

Hier schwimme ich hinein. Und innen ist eine trockene, gemütliche Höhle. Dort lebe ich mit meiner Familie. Der Eingang muss immer unter Wasser liegen, damit er gut geschützt ist. Wäre das Wasser nicht tief genug, würde ich einen Damm bauen, um es zu stauen.

Und wie bekommst du die ganzen Äste klein?
Ich habe starke Zähne! Ich kann damit sogar Bäume fällen.
Donnerwetter!

Weißt du, ob dieser Fluss mal ein kleiner Bach war?
Ja, das war er. Er ist nur immer breiter geworden.
Wir könnten ja am Ufer zurücklaufen.

Keine Chance, das ist schwieriges Gelände durch Flussauen und dichtes Unterholz.
Ich sage doch, wir müssen rüber.

Nur wie?

Hm, ich nage seit gestern an einem alten Baum herum, den könnte ich auf das andere Ufer kippen lassen. Darauf könntet ihr den Fluss überqueren.

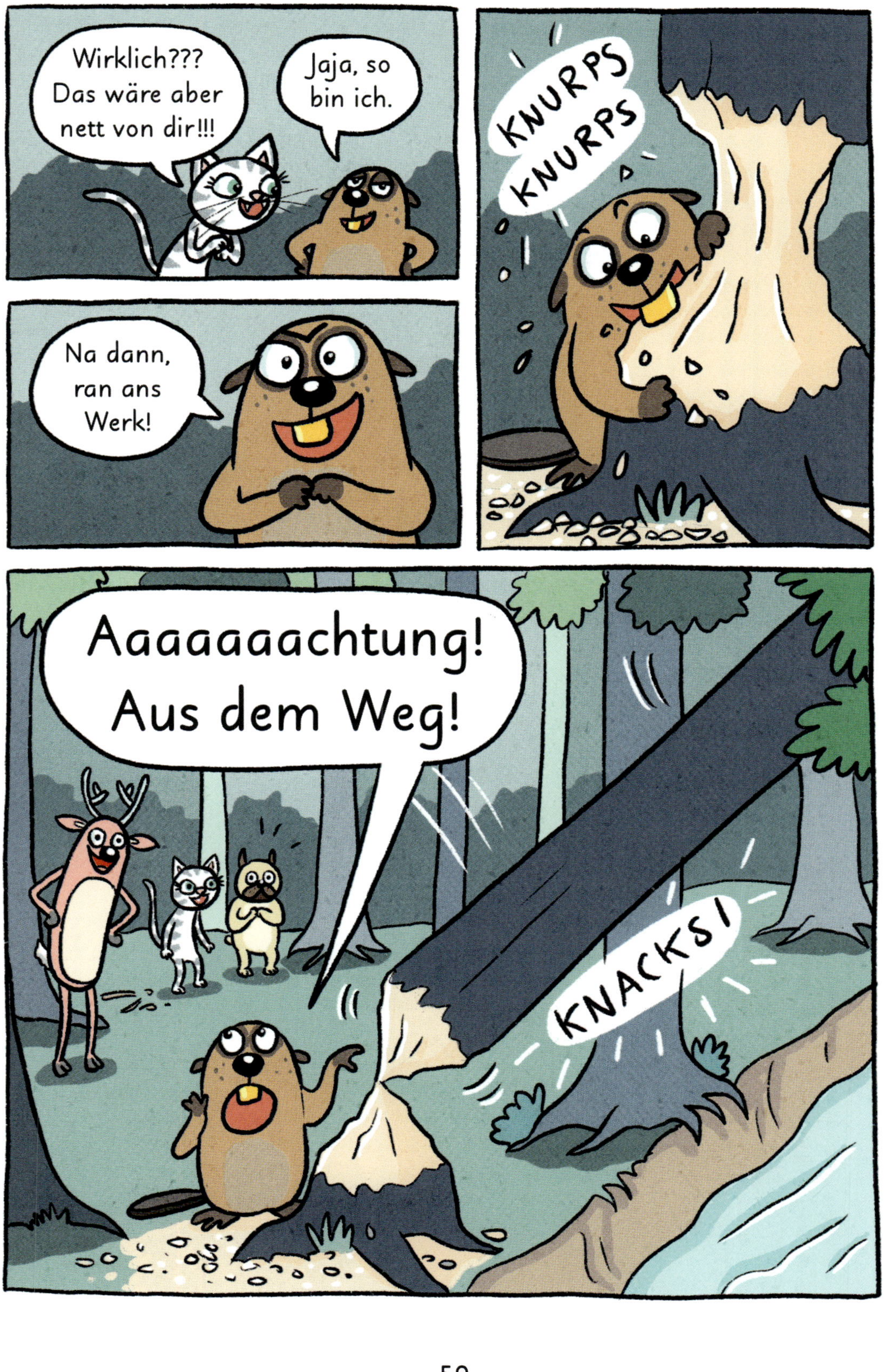

Aaaaaaachtung! Aus dem Weg!

KNACKS!

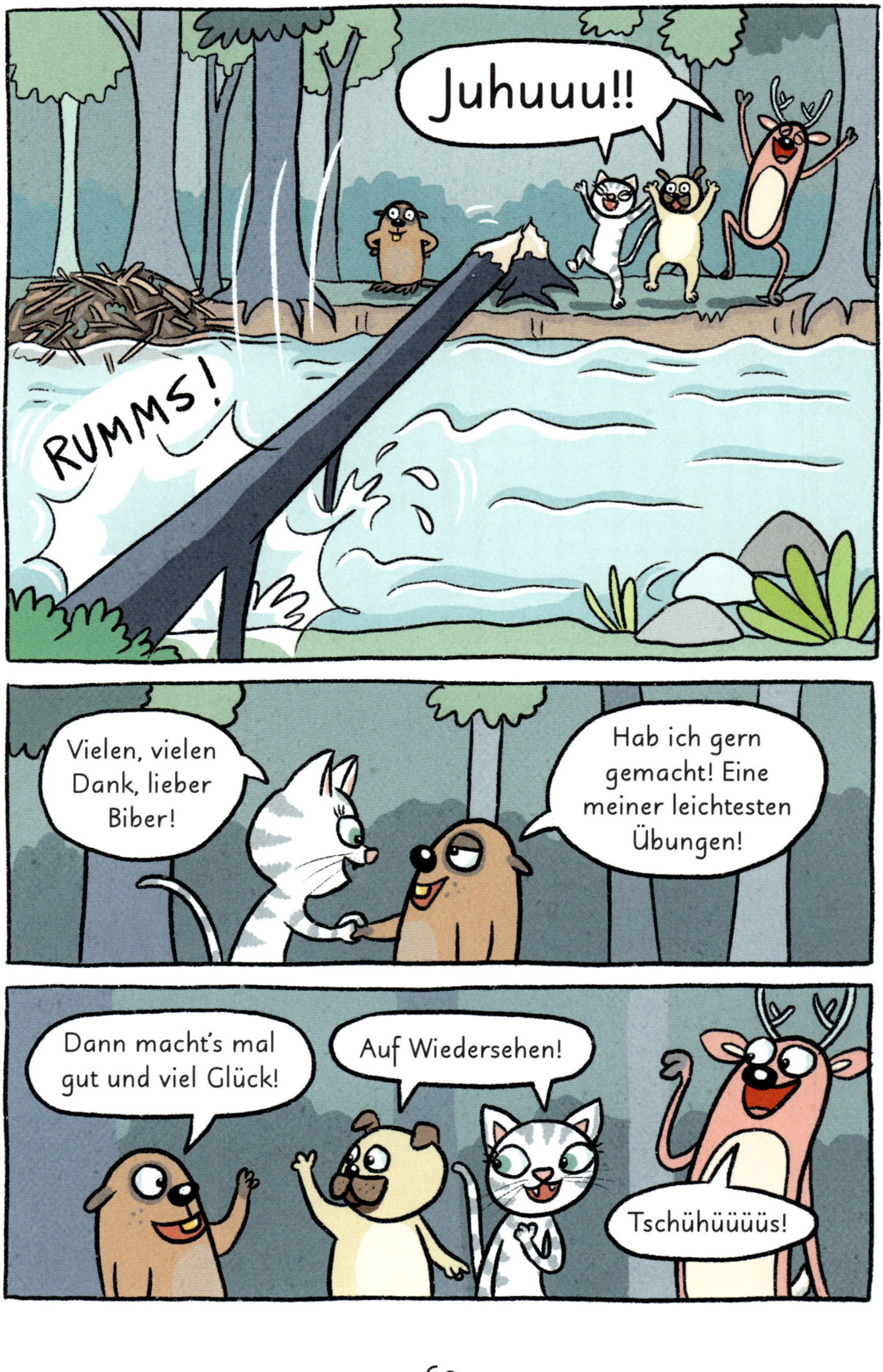

Juhuuu!!
RUMMS!

Jetzt bloß nicht ausrutschen!
Oooooh ...

Uff!
Geschafft!

Moment mal! Auf dieser Seite riecht es ganz anders! Nach ... nach ... das kenne ich doch!

Mops riecht die Stadt

Es riecht nach ... Stadt!!
Echt?? Du kannst sie riechen?
Holla die Waldfee!

Ja! Da lang! Los!

Juhuuuuu!
Klar, ich erinnere mich! Dein Vater ist doch der berühmte Spurenleser Barti Beagle!
Stimmt genau! Von ihm habe ich mein feines Näschen.

Oh, haaaaalt!!!

Neeeiiin!!
Aaaaaaah!!

Aaaaahhh!
Auuutsch!!
Pass doch auf!!

Hilfeee!
PLATSCH

Oh Mann. Was für 'ne Rutschpartie!
Also, ich fand's super!

Brrrrr!

Oh!

Da ist ja
mein Halstuch!

Dein Halstuch??
Ja, ich hatte es heute Mittag an diesen Ast geknotet, falls wir uns verlaufen sollten.

Oh Mops, das ist ja fantastisch! Danke, danke!! Jetzt finden wir wieder nach Hause!
Also … äh … wie genau wir hierher-gekommen sind, weiß ich aber auch nicht mehr.

Das macht nichts, Rocky. Ich rieche die Stadt immer noch ganz stark. Ich glaube, wir sind gar nicht weit vom Hauptweg entfernt.
Obwohl wir auf dem Hinweg so lange bis hierher gebraucht haben?
Ich nehme nie den direkten Weg. Das ist sooo langweilig!

Und so gelangten unsere Freunde, dank Mopsens toller Nase, zurück auf den Weg.
Da sind wir wieder!
Unglaublich, Mops! Toll gemacht!
Du bist ein richtiger Spürhund geworden!!
Ohne dich hätte ich nie erfahren, wie wunderschön und spannend der Wald ist.
Haha, spannend vor allem am Ende!
Es war ein tolles Abenteuer. Danke für alles, Rocky. Du warst echt cool.
Ich werde euch vermissen …

Das musst du gar nicht! Wir besuchen dich bald wieder! Oder, Kätt?
Na, und ob!
Wirklich? Wie schön!

Also, bis bald.
Auf Wiedersehen, Rocky.

Tschühüüüüs, kleine Freunde!

Ich habe mich noch gar nicht bei dir bedankt. Du hast mich vom Sofa geholt!

Ich wusste, dass es dir gefallen würde. Aber dass es so aufregend wird, hätte ich nicht gedacht.

Ich glaube, wir haben beide was gelernt.

Oh ja …

Abenteuer machen hungrig. Kochst du uns was Schönes?

Klar, was hättest du denn gerne?

Spaghetti?

Wird gemacht!

Am nächsten Morgen.
Vielleicht noch eine Gesichtsfellmaske?

Los, du Schlafmütze! Raus aus den Federn!

Mannooo, ich hab grad so schön geträumt!

Die Sonne lacht, lass uns rausgehen!
Neeee, lass mich weiterschlafen!

Pfff! Faulpelz!

Ende

Tipps und Tricks für einen gemeinsamen Waldspaziergang

Werft keinen Müll in den Wald, sondern nehmt eure eigenen Trinkflaschen und Brotdosen mit.

Wenn ihr dem Wald helfen wollt, könnt ihr den herumliegenden Müll einsammeln. Dafür benötigt ihr einen Müllsack und Arbeitshandschuhe.

Seht euch die kleinen Dinge an: Bastelt euch einen Rahmen aus Pappe und legt ihn auf den Boden oder haltet ihn an einen Baumstamm. Was könnt ihr in dem kleinen Ausschnitt sehen?

Mit einer Lupe könnt ihr noch mehr entdecken!

Wie sieht die Rinde aus?

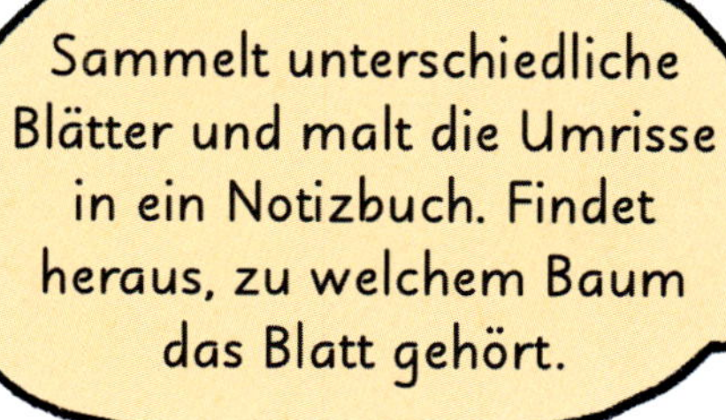

1. Zählt fünf Dinge auf, die ihr sehen könnt.

2. Dann schließt ab jetzt die Augen und zählt vier Dinge auf, die ihr hören könnt.

3. Legt eine Hand auf den Boden und zählt drei Dinge auf, die ihr fühlen könnt.

4. Zählt zwei Dinge auf, die ihr riechen könnt.

5. Und zum Schluss eine Sache, die ihr gerade schmeckt.

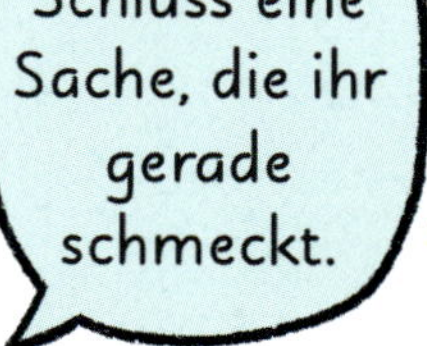

Jetzt seid ihr richtig tolle Waldexperten!

Bei diesem Buch wurden die durch das verwendete Material
und die Produktion entstandenen CO^{2}-Emissionen ausgeglichen,
indem der cbj-Verlag ein Projekt zur Aufforstung in Brasilien unterstützt.
Weitere Informationen zu dem Projekt unter:
www.ClimatePartner.com/14044-1912-1001

Verlagsgruppe Random House
FSC® N001967

1. Auflage 2020

Umschlagbild und Innenillustrationen: Vera Schmidt
Umschlaggestaltung: Maria Proctor unter Verwendung
einer Illustration von Vera Schmidt
aw • Herstellung: AJ
Satz und Reproduktion: Mohn Media Mohndruck GmbH, Gütersloh
Druck: Mohn Media Mohndruck GmbH, Gütersloh
ISBN 978-3-570-17761-7
Printed in Germany

www.cbj-verlag.de
Dieses Buch ist auch als E-Book erhältlich.

Foto: © Sandra Ruth

Vera Schmidt zog es schon als Kind in den Wald. Kleine Höhlen unter Baumwurzeln, Moos, Bächlein und Lichtungen waren perfekte kleine Universen zum Spielen, Entdecken und Träumen. Nach ihrem Abschluss in Kommunikationsdesign und sechs Jahren in einer großen Werbeagentur, folgte sie ihrem Herzen und arbeitet heute als Kinderbuchillustratorin. Nun hat sie ihre eigene Geschichte geschrieben und lässt Mops und Kätt die Abenteuer und Wunder des Waldes erleben.

Sven Gerhardt

DIE HEUHAUFEN-HALUNKEN

Die Heuhaufen-Halunken
160 Seiten,
ISBN 978-3-570-17389-3

Volle Faust aufs Hühnerauge
160 Seiten,
ISBN 978-3-570-17419-7

Gülleduft und Großstadtmief
160 Seiten,
ISBN 978-3-570-17505-7

Rache ist Süßkram
160 Seiten,
ISBN 978-3-570-17581-1

Keine Frage, Meggy liebt Dümpelwalde, auch wenn es von Fremden gerne als das »Ende der Welt« bezeichnet wird. Blöd nur, wenn die Sommerferien anstehen und kein Urlaub in Sicht ist. Aber Meggy wäre nicht die Anführerin der Halunken, hätte sie nicht längst eine geniale Ganovenidee. Im Bandenquartier in der alten Scheune überzeugt sie ihre Freunde von ihrem großen Ferien-Rettungsplan: Einem richtigen Halunken-Urlaub mit Zelt am Badesee – natürlich ohne Eltern, dafür mit dem alten Volvo aus der Scheune. Denn: »Bekommt man vor Langeweile eine Meise, macht man sich am besten auf die Reise!«

8363_4

cbj

www.cbj-verlag.de

Sven Gerhardt

Mister Marple und die Schnüfflerbande

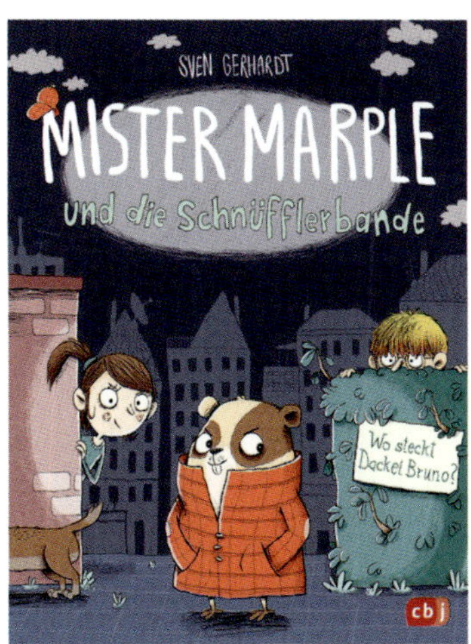

Wo steckt Dackel Bruno?
Band 1, 160 Seiten,
ISBN 978-3-570-17643-6

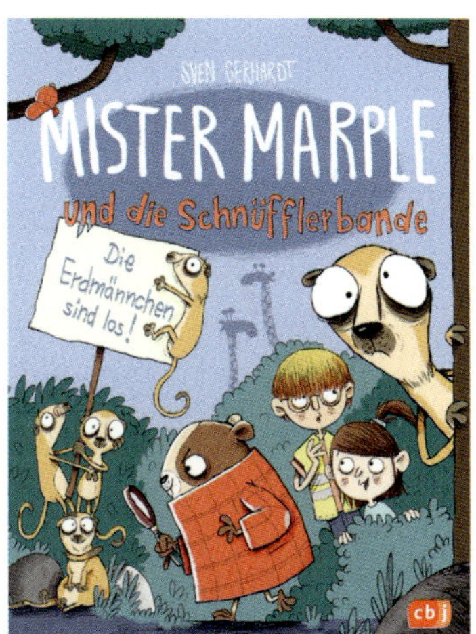

Die Erdmännchen sind los
Band 2, 160 Seiten,
978-3-570-17737-2

Die Schnüfflerbande, das sind Theo, Elsa und Hamster Mister Marple. Ihre Spezialität sind »tierische Angelegenheiten« aller Art, was nicht zuletzt Mister Marple zu verdanken ist, der für diese Fälle ein besonders feines Spürnäschen hat. Auch wenn Theo und Elsa total unterschiedlich sind, halten sie immer fest zusammen und können so fast jeden Fall lösen.

8416_2

www.cbj-verlag.de

Zur Stadt
Das Wood Wide Web
Wissen über Pilze
Begegnung mit Rocky
Und wohin jetzt?
Bei den Elfen